DIONNE BRAND

NENHUMA LÍNGUA É NEUTRA

Tradução

Lubi Prates e Jade Medeiros

BAZAR DO TEMPO

© Dionne Brand, 1991
© desta edição, Bazar do Tempo, 2023

Título original: *No Language is Neutral*

Todos os direitos reservados e protegidos pela Lei n. 9.610, de 12.2.1998.
É proibida a reprodução total ou parcial sem a expressa anuência da editora.

Este livro foi revisado segundo o Acordo Ortográfico da Língua Portuguesa de 1990,
em vigor no Brasil desde 2009.

Edição
Ana Cecilia Impellizieri Martins

Coordenação editorial
Meira Santana

Assistente editorial
Olivia Lober

Tradução
Lubi Prates e Jade Medeiros

Revisão da tradução
Jess Oliveira e Bruna Barros

Revisão
Lourdes Modesto
Joice Nunes

Capa e projeto gráfico
LeTrastevere

Diagramação
Lila Bittencourt

Imagem de capa
Laís Amaral, Sem título,
série "Raiz funda", 2021

CIP-BRASIL. CATALOGAÇÃO NA PUBLICAÇÃO
SINDICATO NACIONAL DOS EDITORES DE LIVROS, RJ

B819n

Brand, Dionne, 1953-
  Nenhuma língua é neutra / Dionne Brand ; tradução Jade Medeiros, Lubi Prates.
- 1. ed. - Rio de Janeiro : Bazar do Tempo, 80 p. ; 21cm.

  Tradução de: No language is neutral
  ISBN 978-65-84515-54-3

  1. Poesia trinitária-tobagense. I. Medeiros, Jade. II. Prates, Lubi. III. Título.
23-86602   CDD: 819.72983 CDU: 82-1(729)

Gabriela Faray Ferreira Lopes - Bibliotecária - CRB-7/6643

BAZAR DO TEMPO
P‍roduções e Empreendimentos Culturais Ltda.

Rua General Dionísio, 53 - Humaitá
22271-050   Rio de Janeiro - RJ
contato@bazardotempo.com.br
www.bazardotempo.com.br

No Language is Neutral / Nenhuma lingua é neutra

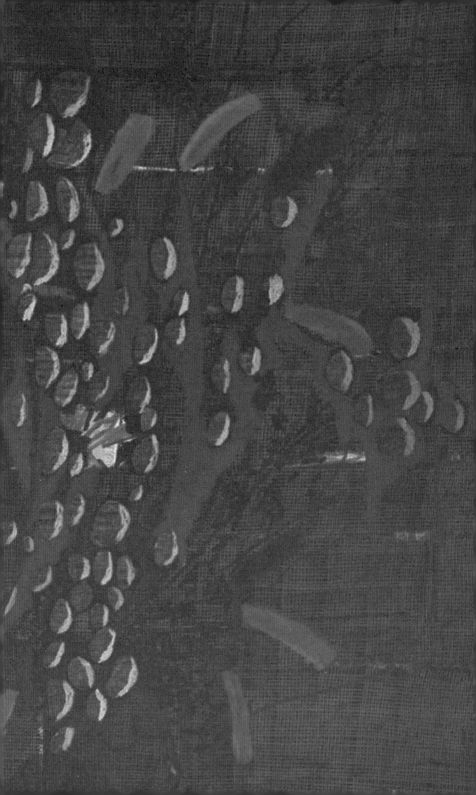

SUMÁRIO

**DURO CONTRA
A ALMA**
9

RETORNO
13

PHYLLIS
15

JACKIE
19

RETORNO
21

AINDA AMELIA
23

**CANÇÃO DE BLUES
PARA MAMMY PRATER**
25

NENHUMA LÍNGUA É NEUTRA
29

DURO CONTRA A ALMA
53

POSFÁCIO | tatiana nascimento
69

HARD AGAINST THE SOUL

I
this is you girl, this cut of road up
to Blanchicheuse, this every turn a piece
of blue and earth carrying on, beating, rock and
ocean this wearing away, smoothing the insides
pearl of shell and coral

this is you girl, this is you all sides of me
hill road and dip through the coconut at Manzanilla
this sea breeze shaped forest of sand and lanky palm
this wanting to fall, hanging, greening
quenching the road

this is you girl, even though you never see it
the drop before Timberline, that daub of black shine
sea on bush smoke land, that pulse of the heart
that stretches up to Maracas, La Fillete bay never know
you but you make it wash up from the rocks

this is you girl, that bit of lagoon, alligator
long abandoned, this stone of my youngness
hesitating to walk right, turning to Schoener's road
turning to duenne and spirit, to the sea wall and sea
breaking hard against things, turning to burning reason

this is you girl, this is the poem no woman
ever write for a woman because she 'fraid to touch
this river boiling like a woman in she sleep

DURO CONTRA A ALMA

I
é você, garota, este trecho da estrada até
Blanchicheuse, a cada curva, um pouco
de azul e de terra seguindo em frente, batendo, rocha e
oceano, assim, se desgastando, polindo a pérola
das entranhas de conchas e corais

é você, garota, é você, todas as minhas facetas
serra e mergulho no coco em Manzanilla
a brisa do mar, assim, modelou a floresta de areia e
                        [palmeira magricela
assim, querendo cair, pendente, verdejante
refrescando a estrada

é você, garota, ainda que nunca enxergue
a queda antes de Timberline, aquele borrão negro brilhante de
mar na terra da fumaça dos arbustos, aquele batimento do
                        [coração
que se espreguiça até Maracas, a baía de La Fillete nunca te
conheceu, mas é por você que ela escorre das rochas

é você, garota, aquele pingo de lagoa, jacaré
há muito abandonada, esta lápide da minha juventude
hesitando em andar direito, virando na estrada Schoener
se transformando em *duenne*[1] e espírito, e mar
quebrando com força, virando raciocínio ardente

---
1. De acordo com os contos populares de Trinidad e Tobago, Douens (Dwens) são crianças que morreram antes de serem batizadas e, por esse motivo, suas almas estão condenadas a vagar pela terra para sempre, atraindo crianças a se perderem na floresta Dwens não têm rosto e seus pés são virados para trás. (N.T.)

that smell of fresh thighs and warm sweat
sheets of her like the mitan rolling into the Atlantic

this is you girl, something never waning or forgetting
something hard against the soul
this is where you make sense, that the sight becomes
tender, the night air human, the dull silence full
chattering, volcanoes cease, and to be awake is
more lovely than dreams

é você, garota, este é o poema que nenhuma mulher
jamais escreveria para outra, porque ela recearia tocar
esse rio em ebulição tal qual uma mulher que dorme
aquele cheiro de coxas frescas e suor morno
lençóis feitos dela como mitan[2] rolando para o Atlântico

é você, garota, qualquer coisa que jamais mingua ou se esquece
algo duro contra alma
este é o lugar onde você percebe que a visão se torna
terna, o ar noturno humano, o silêncio maçante cheio
de falatório, vulcões cessam, e estar acordada é
mais encantador que sonhar

---
2. Palavra de origem crioula, que significa "coluna, pilar" e é frequentemente associada às mulheres haitianas. (N.T.)

RETURN

I
So the street is still there, still melting with sun
still the shining waves of heat at one o'clock
the eyelashes scorched, staring the distance of the
park to the parade stand, still razor grass burnt and
cropped, everything made indistinguishable from dirt
by age and custom, white washed, and the people...
still I suppose the scorpion orchid by the road, that
fine red tongue of flamboyant and orange lips
muzzling the air, that green plum turning fat and
crimson, still the crazy bougainvillea fancying and
nettling itself purple, pink, red, white, still the trickle of
sweat and cold flush of heat raising the smell of
cotton and skin... still the dank rank of breadfruit milk,
their bash and rain on steps, still the bridge this side
the sea that side, the rotting ship barnacle eaten still
the butcher's blood staining the walls of the market,
the ascent of hills, stony and breathless, the dry
yellow patches of earth still threaten to swamp at the
next deluge... so the road, that stretch of sand and
pitch struggling up, glimpses sea, village, earth
bare-footed hot, women worried, still the faces,
masked in sweat and sweetness, still the eyes
watery, ancient, still the hard, distinct, brittle smell of
slavery.

RETORNO

I
Então, a rua ainda está lá, ainda derretendo sob o sol
as ondas ainda brilhando no calor da uma da tarde
os cílios chamuscados, fitando a distância entre
o parque e o estande do desfile, ainda assim o capim-navalha
[queimado e
cortado, tudo se tornou indistinguível do pó
pelo tempo e pelo hábito, caiado de branco, e as pessoas...
ainda imagino a orquídea escorpião na beira da estrada, aquela
língua vermelha suave flamboyant e os lábios laranjas
amordaçando o ar, aquela ameixa verde se avolumando
e enrubescendo, ainda avermelhando buganvília desvairada
[enfeitando e
se enroscando roxa, rosa, vermelha, branca, ainda o gotejar de
suor e a descarga fria de calor levantando o cheiro de
algodão e pele... ainda o odor úmido do leite de fruta-pão
despencando feito chuva nos degraus, ainda a ponte deste lado
o mar daquele lado, o navio comido por cracas ainda
o sangue do açougueiro manchando as paredes do mercado,
a subida rochosa e sem fôlego das montanhas, os pedaços
amarelos de terra seca ainda ameaçam virar pântano no
próximo dilúvio... então, a estrada, aquele trecho de areia e
piche que resiste, vislumbra o mar, a vila, a terra
os pés descalços quentes, as mulheres preocupadas,
[ainda os rostos,
mascarados por suor e doçura, ainda os olhos
lacrimosos, antigos, ainda o cheiro árduo, nítido, quebradiço da
escravidão.

PHYLLIS

Phyllis, quite here, I hear from you
not even from your own hand in a note
but from some stranger who dragged it
from a prison wall, a letter running
like a karili vine around Richmond Hill
Phyllis, I know they treat you bad
like a woman
I know is you one there and I
never forget how one night you give
me a ride in your car
and I never forget your laugh like a bronze bauble
hanging in that revolutionary evening
Phyllis, when you sit down and explain
the revolution, it did sound sweet and it
did sound possible.

Phyllis, quite here, I hear how
you so thin now, but still strong
your voice refusing departures and
soldiers cursing, your voice ringing through
bars with messages to keep up the struggle
now buried in death bed and prison wall,
I know they treat you bad
like a woman
called you hyena, a name enjoining
you alone to biology and not science,
you should have known
the first thing they would jump on

PHYLLIS

Phyllis, bem aqui eu soube de você
não em bilhete de sua própria mão
mas por alguém que afanou
do muro de uma cadeia uma carta correndo
feito videira de melão amargo por Richmond Hill
Phyllis, sei que a tratam mal
tal qual tratam as mulheres
sei que você é uma aí e eu
nunca vou esquecer da noite em que você me
deu uma carona no seu carro
e nunca vou esquecer da sua risada feito um enfeite bronze
pendurado naquela noite revolucionária
Phyllis, quando você senta e explica
a revolução soava tão leve e
parecia possível.

Phyllis, bem daqui eu soube que
você está muito magra agora, embora ainda forte
que sua voz recusa despedidas e
os soldados que te xingam, sua voz ressoando entre as
barras com mensagens pra continuar a luta
agora enterrada no leito de morte e no muro da prisão,
sei que a tratam mal
tal qual tratam as mulheres
te chamam de *hiena*, um nome que a impõe
somente à biologia, e não à ciência,
você deveria saber
a primeira coisa que atacariam

was the skill of your womb
Phyllis, I remember your laugh, luminous
and bubbling in the flaming dark evening
and the moment after, your eyes serious,
searching for your glasses.

Girl, how come is quite here I hear from you,
sitting in these rooms, resenting this messenger,
out here, I listen through an upstart castigate
Fidel, scraping my chair to interrupt him,
just to see if you send any explanations,
I know they treat you bad
like a woman
you, bewitched in their male dramas,
their comess and their tay tay,
you, foundered, as Bernard said, in all
the usual last minute domestic things
a housewife has to do
Phyllis, they said you defied the prison guards
and talked through their shouts to be quiet
your laugh clanging against the stone walls
your look silencing soldiers.

For Phyllis Coard
Minister of Women's Affairs in the People's Revolutionary Gov't. of Grenada, 1979-1983, now imprisoned at Richmond Hill Prison in Grenada for her role in a coup.

seria a habilidade do seu útero
Phyllis, eu lembro da sua risada, luminosa
e efervescente na noite escura flamejante
e no minuto seguinte, seus olhos sérios
procurando pelos óculos.

Garota, como pode ser bem aqui que eu saiba de você,
sentada nestas salas, culpando esta mensagem,
aqui fora, eu escuto um presunçoso criticar
Fidel, arrastando minha cadeira pra interrompê-lo,
só pra ver se você envia qualquer explicação,
sei que a tratam mal
tal qual tratam as mulheres
você, enfeitiçada pelos dramas deles,
pelas confusões e afetações deles
você, naufragada, como disse Bernard, por completo
nas coisas domésticas de última hora
que uma dona de casa tem de fazer
Phyllis, disseram que você desafiou os carcereiros
e falou em meio aos gritos pra calar-se
sua risada reverberando pelos muros de pedra
seu olhar silenciando soldados.

Para Phyllis Coard
Ministra dos Assuntos das Mulheres no Governo Revolucionário
Popular de Granada, de 1970 a 1983, agora encarcerada na
prisão de Richmond Hill pelo seu papel no golpe de Estado.

JACKIE

Jackie, that first evening I met you, you thought I was a child to be saved from Vincent's joke, I was a stranger in the room that your eyes vined like a school teacher's folding me in, child, to be taken care of. An afternoon on that grand beach you threw your little boy among the rest of children in the hissing ocean surf, dreaming an extraordinary life, an idea fanning La Sagesse and Carib's Leap then slabs of volcanic clay in a reddened ocean, perhaps even larger. Jackie, gently, that glint of yellow in your eyes, end of a day, cigarette smoke masking your tiredness and impatience with this gratuitous rain of foreign clerks, then you talked patiently, the past burning at the back of your head. That day on the last hill, bright midday heat glistened on your hands you were in yellow too, yellow like fire on a cornbird's back, fire at your mouth the colour of lightning, then in the last moment, bullets crisscrossed your temple and your heart. They say someone was calling you, Yansa, thundering for help.

For Jacqueline Creft
Minister of Education in the People's Revolutionary Gov't of Grenada, killed on October 19th, 1983, during a coup.

JACKIE

Jackie, naquela noite em que nos conhecemos,
[você pensou que eu fosse
uma menina a ser salva da piada do Vincent, eu era uma
estranha na sala que seus olhos esquadrinharam como os de uma
professora me abraçando, criança a ser protegida.
Uma tarde, naquela praia grandiosa, você colocou seu
menino junto às outras crianças na rebentação
sibilante do oceano, sonhando uma vida extraordinária,
[uma ideia
arejando a baía de La Sagesse e o Salto do Caribe, depois placas
de lama vulcânica em um oceano avermelhado, talvez ainda
maior. Jackie, gentilmente, aquele brilho amarelo em seus olhos,
fim de um dia, a fumaça do cigarro disfarçando seu cansaço
e a impaciência com a chuva gratuita de funcionários
estrangeiros, então você falou calmamente, o passado queimando
atrás da sua cabeça. Naquele dia, na última colina, o calor
radiante do meio-dia cintilou nas suas mãos, você estava de
amarelo também, amarelo fogo nas costas de um japu-preto,
[fogo na
sua boca, a cor do relâmpago, então no último
minuto as balas cruzaram a sua têmpora e seu
coração. Dizem que alguém estava chamando você, Iansã,
trovejando por ajuda.

Para Jacqueline Creft
*Ministra da Educação no Governo Popular Revolucionário de
Granada, assassinada em 19 de outubro de 1983, durante um golpe.*

RETURN

II
From here you can see Venezuela,
that is not Venezuela, girl, that is Pointe Galeote
right round the corner, is not away
over that sea swelling like a big belly woman
that must have been a look of envy

every eye looking out of its black face many years
ago must have longed to dive into the sea woman's
belly swimming to away only to find
Pointe Galeote's nubbly face
back to there and no further than the heat flush

every woman must have whispered
in her child's ear, away! far from here!
people go mad here walking into the sea!
the air sick, sibylline, away! go away!
crashing and returning against Pointe Galeote

From here envied tails of water swing out
and back playing sometimeish historian
covering hieroglyphs and naming fearsome artifacts,
That is not footsteps, girl, is duenne!
is not shell, is shackle!

RETORNO

II
Daqui se vê a Venezuela,
aquilo não é a Venezuela, garota, é Pointe Galeote
logo ali na esquina, não é longe
daquele mar que incha igual a uma mulher barriguda
aquilo deve ter sido um olhar de inveja

cada olho de seu rosto negro muitos anos
atrás deve ter desejado mergulhar na barriga da
mulher marítima que nada pra longe só para encontrar
o rosto áspero de Pointe Galeote
de volta pra lá e nunca além do fluxo de calor

toda mulher deve ter sussurrado
no ouvido de sua criança, fuja! pra longe daqui!
as pessoas enlouquecem aqui caminhando pra dentro do mar!
o ar nauseante, sibilino, fuja! vá embora!
se chocando e se voltando contra Pointe Galeote

Daqui, as caudas d'água invejosas vão e vêm
e pra dentro brincando de historiadoras de algum tempo
escondendo hieróglifos e nomeando artefatos terríveis,
Isso não é pegada, garota, é *duenne*!
não são conchas, são grilhões!

AMELIA STILL

Mama must have left then
that day when I hung out the window
and saw the drabness of the street
and felt that no one lived in the house
any longer, she must have carried herself off to the
bush, grabbed up her own ghost and ran all the way
to Toco, ran all the way out of the hell of us
tied to her breasts and sweeping her brain
for answers. Mama must have fled that day
when I noticed that her shadow
left the veranda and understood that sweet water was
only lyrical in a girl child's wild undertakings
she must have gone hunting for her heart
where she had dropped it as she buried each navel
string hunting, hunting her blood and milk
spread over our stained greedy faces.
Mama must have gone crazy
trying to wrench herself away
from my memory burning around her
and denying her the bread of her death
as food from her mouth
she must have hurried to the Ortoire river
to wash her own hair, take her sweet time
waking up, pitch stones over water,
eat a little sugar, in peace.

AINDA AMELIA

Mamãe deve ter ido embora ali
naquele dia em que me debrucei à janela
e vi a monotonia da rua
e senti que ninguém mais vivia
naquela casa, ela mesma deve ter se sequestrado para o
mato, se agarrado ao próprio fantasma e fugido
pra Toco, fugido pra bem longe do inferno que éramos nós
pendurados em seus peitos e vasculhando seu cérebro
por respostas. Mamãe deve ter fugido naquele dia
em que percebi a sombra dela
deixar a varanda e compreendi que a água doce só
era música nas promessas selvagens de uma menina
ela deve ter ido caçar o próprio coração
no lugar onde o deixou cair enquanto enterrava cada cordão
umbilical caçando, caçando seu sangue e leite
espalhados em nossos avarentos rostos manchados.
Mamãe deve ter enlouquecido
tentando se arrancar
da minha memória queimando ao redor dela
e negando o pão de sua morte
como comida de sua boca
ela deve ter corrido até o rio Ortoire
pra lavar os cabelos, despertar
no seu tempo, atirar pedras na água,
comer um docinho, em paz.

BLUES SPIRITUAL FOR MAMMY PRATER

On looking at 'the photograph of Mammy Prater an ex-slave,
115 years old when her photograph was taken'

she waited for her century to turn
she waited until she was one hundred and fifteen
years old to take a photograph
to take a photograph and to put those eyes in it
she waited until the technique of photography was
suitably developed
to make sure the picture would be clear
to make sure no crude daguerreotype would lose
her image
would lose her lines and most of all her eyes
and her hands
she knew the patience of one hundred and fifteen years
she knew that if she had the patience,
to avoid killing a white man
that I would see this photograph
she waited until it suited her
to take this photograph and to put those eyes in it.

in the hundred and fifteen years which it took her to
wait for this photograph she perfected this pose
she sculpted it over a shoulder of pain,
a thing like despair which she never called
this name for she would not have lasted
the fields, the ones she ploughed

CANÇÃO DE BLUES PARA MAMMY PRATER

Ao fitar a fotografia de Mammy Prater, ex-escravizada,
fotografada aos 115 anos de idade

ela esperou que o século virasse
esperou até que tivesse cento e quinze
anos pra ser fotografada
para ter sua fotografia e pôr seus olhos nela
esperou até que a técnica da fotografia estivesse
adequadamente desenvolvida
para ter certeza de que a imagem ficaria nítida
ter certeza de que nenhum daguerreótipo rudimentar perderia
sua imagem
perderia suas linhas e acima de tudo seus olhos
e suas mãos
ela tinha a paciência de cento e quinze anos
sabia que se tivesse a paciência
para não matar um homem branco,
eu veria essa fotografia
ela esperou o tempo que foi necessário
para ter sua fotografia e pôr seus olhos nela.

nos cento e quinze anos que ela teve de
esperar por essa fotografia, aperfeiçoou sua pose
a esculpiu sobre um ombro de dor
algo como desespero, que nunca assim nomeou
pois não teria resistido
nas lavouras, aquelas que lavrou

on the days that she was a mule, left
their etching on the gait of her legs
deliberately and unintentionally
she waited, not always silently, not always patiently,
for this self portrait
by the time she sat in her black dress, white collar,
white handkerchief, her feet had turned to marble,
her heart burnished red,
and her eyes.

she waited one hundred and fifteen years
until the science of photography passed tin
and talbotype for a surface sensitive enough
to hold her eyes
she took care not to lose the signs
to write in those eyes what her fingers could not script
a pact of blood across a century, a decade and more
she knew then that it would be me who would find
her will, her meticulous account, her eyes,
her days when waiting for this photograph
was all that kept her sane
she planned it down to the day,
the light,
the superfluous photographer
her breasts,
her hands
this moment of
my turning the leaves of a book,
noticing, her eyes.

nos dias em que foi mula, marcaram
seu caminhar a ferro quente
por querer e sem querer
ela esperou, nem sempre em silêncio, nem sempre paciente,
por seu retrato
na hora que ela sentou de vestido preto, colarinho e
lenço brancos, os pés tinham virado mármore,
o coração lustrado de vermelho,
e os olhos.

ela esperou cento e quinze anos
até que a ciência da fotografia avançasse do estanho
e da talbotipia até uma superfície sensível o suficiente
para conter seus olhos
tomou cuidado de não perder os sinais
de escrever naqueles olhos o que os dedos não poderiam
                              [roteirizar
um pacto de sangue por um século, uma década e mais
sabia então que seria eu a encontrar
sua vontade, seu relato meticuloso, seus olhos
os dias esperando por essa fotografia
foi o que a manteve sã
ela planejou tudo, o dia,
a luz,
o fotógrafo supérfluo
seus seios,
suas mãos
esse momento meu
virando as folhas de um livro,
observando seus olhos.

NO LANGUAGE IS NEUTRAL

No language is neutral. I used to haunt the beach
at Guaya, two rivers sentinel the country sand, not
backra white but nigger brown sand, one river dead
and teeming from waste and alligators, the other
rumbling to the ocean in a tumult, the swift undertow
blocking the crossing of little girls except on the tied
up dress hips of big women, then, the taste of leaving
was already on my tongue and cut deep into my
skinny pigeon toed way, language here was strict
description and teeth edging truth. Here was beauty
and here was nowhere. The smell of hurrying passed
my nostrils with the smell of sea water and fresh fish
wind, there was history which had taught my eyes to
look for escape even beneath the almond leaves fat
as women, the conch shell tiny as sand, the rock
stone old like water. I learned to read this from a
woman whose hand trembled at the past, then even
being born to her was temporary, wet and thrown half
dressed among the dozens of brown legs itching to
run. It was as if a signal burning like a fer de lance's
sting turned my eyes against the water even as love
for this nigger beach became resolute.

There it was anyway, some damn memory half-eaten
and half hungry. To hate this, they must have been
dragged through the Manzanilla spitting out the last
spun syllables for cruelty, new sound forming,
pushing toward lips made to bubble blood. This road

NENHUMA LÍNGUA É NEUTRA

Nenhuma língua é neutra. Eu costumava assombrar a praia
em Guaya, dois rios vigiavam a areia da região, não
branca que nem sinhá, mas areia preta, um rio morto
e abundante de lixo e jacarés, o outro
ribombando ao oceano em alvoroço, a ressaca veloz
impedia que as meninas o cruzassem, a menos que
                              [estivessem amarradas
aos quadris de mulheres imensas, então o gosto de partir
já estava na minha língua e era lastro profundo no meu
jeito magricelo, pés virados pra dentro, a língua aqui era
                              [só descrição
precisa e verdade afiando os dentes. Aqui havia beleza
e aqui não era lugar nenhum. O cheiro da pressa passava
pelas minhas narinas junto ao cheiro da água do mar e do vento
de peixe fresco, foi a história que tinha ensinado meus olhos a
procurarem pela fuga, mesmo sob as folhas de amêndoas fartas
como mulheres, a concha de búzio pequenina como areia,
                              [a pedra
de uma rocha antiga como a água. Aprendi a ler isso com uma
mulher cuja mão tremia ante o passado, então até
o nascer dela era temporário, úmida e arremessada quase
vestida entre muitas pernas negras se coçando pra
correr. Era como se um sinal queimasse tal qual a picada de uma
jararaca e virasse meus olhos contra a água mesmo quando o amor
por essa praia preta se tornou firme.

Havia enfim alguma memória maldita meio carcomida,
meio faminta. Pra odiá-la, devem ter sido

could match that. Hard-bitten on mangrove and wild bush, the sea wind heaving any remnants of consonant curses into choking aspirate. No language is neutral seared in the spine's unravelling. Here is history too. A backbone bending and unbending without a word, heat, bellowing these lungs spongy, exhaled in humming, the ocean, a way out and not anything of beauty, tipping turquoise and scandalous. The malicious horizon made us the essential thinkers of technology. How to fly gravity, how to balance basket and prose reaching for murder. Silence done curse god and beauty here, people does hear things in this heliconia peace a morphology of rolling chain and copper gong now shape this twang, falsettos of whip and air rudiment this grammar. Take what I tell you. When these barracks held slaves between their stone halters, talking was left for night and hush was idiom and hot core.

When Liney reach here is up to the time I hear about. Why I always have to go back to that old woman who wasn't even from here but from another barracoon, I never understand but deeply as if is something that have no end. Even she daughter didn't know but only leave me she life like a brown stone to see. I in the middle of a plane ride now a good century from their living or imagination, around me is a people I will only understand as full of ugliness that make me weep full past my own tears and before hers. Liney,

arrastados por Manzanilla cuspindo as últimas
sílabas fiadas pela crueldade, novo som se formando,
avançando pelos lábios feitos pra borbulhar sangue. Essa estrada
poderia combinar com isso. Endurecida pelos manguezais e
                                    [pelos arbustos
selvagens, a brisa do mar arfando qualquer reminiscência de
maldições consoantes, transformando-a em
                                            [aspiração sufocante. Nenhuma
língua é neutra selada no desenlace da coluna.
Aqui é história também. Uma espinha dorsal que arqueia
e desarqueia sem uma palavra, calor, rugindo esses
pulmões esponjosos, exalou em zumbido o oceano, uma
escapatória e nada de belo, virando turquesa
e escândalo. O horizonte malicioso fez de nós
pensadoras essenciais da tecnologia. Como vencer a gravidade,
como equilibrar o cesto e a prosa com sede de
morte. Aqui, o silêncio amaldiçoou deus e a beleza,
as pessoas decerto ouvem coisas, nessa serenidade de helicônia,
uma morfologia de arrastar de correntes e gongo de cobre
agora moldam esse sotaque, falsetes de chicote e ar
assentam essa gramática. Entenda o que eu digo. Quando
esses barracões abrigavam pessoas escravizadas entre cabrestos
de pedra, a conversa era da noite, e o silêncio era linguagem
e núcleo quente.

Quando Liney chegar aqui já passou da hora de saber.
Por que sempre tenho que lembrar daquela velha que
nem era daqui e sim de outro barracão, eu
nunca entendi, mas lá no fundo é como algo que
não tivesse fim. Nem a filha dela sabia, só

when she live through two man, is so the second one bring she here on his penultimate hope and she come and sweep sand into my eye. So is there I meet she in a recollection through Ben, son, now ninety, ex-saga boy and image, perhaps eyes of my mama, Liney daughter. I beg him to recall something of my mama, something of his mama. The ninety year old water of his eyes swell like the river he remember and he say, she was a sugar cake, sweet sweet sweet. Yuh muma! that girl was a sugar cake!

This time Liney done see vision in this green guava season, fly skinless and turn into river fish, dream sheself, praise god, without sex and womb when sex is hell and womb is she to pay. So dancing an old man the castilian around this christmas living room my little sister and me get Ben to tell we any story he remember, and in between his own trail of conquests and pretty clothes, in between his never sleeping with a woman who wasn't clean because he was a scornful man, in between our absent query were they scornful women too, Liney smiled on his gold teeth. The castilian out of breath, the dampness of his shrunken skin reminding us, Oh god! laughing, sister! we will kill uncle dancing!

In between, Liney, in between, as if your life could never see itself, blooded and coarsened on this island as mine, driven over places too hard to know in their easy terror. As if your life could never hear

me deixava sua vida como uma pedra marrom a ser vista. Eu, no
meio de uma viagem de avião, há um bom século de distância de
suas vidas e imaginações, perto de mim é um povo que eu só
vou compreender como cheio de feiura, que me faz
chorar muito além das minhas próprias lágrimas e
                            [diante das dela. Liney,
quando ela sobrevive a dois homens, é para que o segundo
a traga aqui em sua penúltima esperança, e ela
vem e joga areia no meu olho. É então lá que eu a encontro,
em uma lembrança por meio de Ben, filho, agora aos noventa,
ex-*saga boy*[3] e imagem, talvez olhos de mamãe,
Liney filha. Eu imploro que ele lembre de algo da minha
mãe, algo da mãe dele. A água de noventa
anos de seus olhos transborda como o rio do qual ele se lembra,
então diz: *ela era uma cocada, doce doce doce.*
Sua mamãe! aquela garota era uma cocada!

Dessa vez, Liney de fato teve a visão nessa estação
de goiaba verde, voa sem pele e vira peixe de água doce, sonha
ela mesma, louva a deus, sem sexo nem útero, quando o sexo
é infernal e o útero é ela quem tem que dar. Então, dançando
                            [com o velho
castelhano por essa sala natalina,
minha irmãzinha e eu conseguimos que Ben nos contasse
                            [qualquer história que
se lembrasse, e entre o seu próprio rastro de conquistas
e roupas bonitas, e entre o fato de nunca dormiu com
uma mulher que não estivesse limpa porque ele era um

---
3. Expressão com significado semelhante a "playboy", usada para se referir a homens que se dedicam à expressão do estilo por meio de roupas caras em Trinidad e Tobago. (N.E.)

itself as still some years, god, ages, have passed
without your autobiography now between my stories
and the time I have to remember and the passages
that I too take out of liking, between me and history
we have made a patch of it, a verse still missing you
at the subject, a chapter yellowed and moth eaten at
the end. I could never save a cactus leaf between
pages, Liney, those other girls could make them root
undisturbed in the steam of unread books, not me,
admiring their devotion, still I peered too often at my
leaf, eyeing the creeping death out of it and giving up.
That hovel in the cocoa near the sweet oil factory I'll
never see, Liney, each time I go I stand at the road
arguing with myself. Sidelong looks are my specialty.
That saddle of children given you by one man then
another, the bear and darn and mend of your vagina
she like to walk about plenty, Ben said, *she was a
small woman*, small small. I chase Ben's romance as
it mumbles to a close, then, the rum and coconut
water of his eyes as he prepares to lie gently for his
own redemption. *I was she favourite, oh yes.*
The ric rac running of your story remains braided
in other wars, Liney, no one is interested in telling the
truth. History will only hear you if you give birth to a
woman who smoothes starched linen in the wardrobe
drawer, trembles when she walks and who gives birth
to another woman who cries near a river and
vanishes and who gives birth to a woman who is a
poet, and, even then.

homem soberbo, em meio à ausência de nossas perguntas
elas eram mulheres soberbas também, Liney sorrindo em
                    [seus dentes de ouro.
O castelhano sem fôlego, a umidade de sua
pele murcha nos lembrando, Meu deus! rindo,
irmã! vamos matar o tio de tanto dançar!

Entretanto, Liney, entretanto, como se sua vida nunca
pudesse ver a si mesma, ensanguentada e endurecida nessa
ilha tão minha, que passou por lugares impossíveis de conhecer
no seu terror elementar. Como se sua vida nunca pudesse
                    [perceber
a si mesma como há alguns anos, deus, eras, se passaram
sem sua autobiografia agora entre as minhas histórias
e o tempo que eu tenho para lembrar e as passagens
que eu também deixei gostar, entre mim e a história
fizemos um remendo dela, um verso que ainda sente sua falta
no sujeito, um capítulo amarelado e corroído por traças no
fim. Eu nunca conseguiria conservar uma folha de cacto entre
as páginas, Liney, essas outras garotas poderiam fazê-la enraizar
intactas no fôlego de livros não lidos, eu não,
admirando a devoção delas, ainda que eu espie várias vezes
                    [a minha
folha, observando a morte rastejando para fora dela e desistindo.
Aquele casebre nos cacaueiros próximos à fábrica de azeite que eu
nunca verei, Liney, toda vez que vou eu paro na estrada
e brigo comigo mesma. Olhares de canto de olho são
                    [minha especialidade.
O lombo cheio de crianças de um homem e
depois de outro, o parto e o remendo e a costura da sua vagina

Pilate was that river I never crossed as a child. A woman, my mother, was weeping on its banks, weeping for the sufferer she would become, she a too black woman weeping, those little girls trailing her footsteps reluctantly and without love for this shaking woman blood and salt in her mouth, weeping, that river gushed past her feet blocked her flight... and go where, lady, weeping and go where, turning back to face herself now only the oblique shape of something without expectation, her body composed in doubt then she'd come to bend her back, to dissemble, then to stand on anger like a ledge, a tilting house, the crazy curtain blazing at her teeth. A woman who thought she was human but got the message, female and black and somehow those who gave it to her were like family, mother and brother, spitting woman at her, somehow they were the only place to return to and this gushing river had already swallowed most of her, the little girls drowned on its indifferent bank, the river hardened like the centre of her, spinning chalk stone on its frill, burden in their slow feet, they weeping, she, *go on home*, in futility. There were dry-eyed cirri tracing the blue air that day. Pilate was that river I ran from leaving that woman, my mother, standing over its brutal green meaning and it was over by now and had become so ordinary as if not to see it any more, that constant veil over the eyes, the blood-stained blind of race and sex.

ela gosta de andar muito, Ben disse, *ela era uma
mulher pequena, pequena, pequena.* Eu caço o romance de Ben
em meio a seus murmúrios finais, então, o rum e a água
de coco de seus olhos enquanto ele se prepara para deitar
                              [gentilmente por sua
própria redenção. *Eu era o favorito dela, ah, sim.*
A sianinha que desfia sua história continua entrelaçada
em outras guerras, Liney, ninguém se interessa em contar a
verdade. A história só vai te ouvir se você der à luz uma
mulher que alisa o linho engomado na gaveta
do guarda-roupa, treme quando anda e dá à luz
outra mulher que chora perto de um rio e
desaparece e dá à luz uma mulher que é poeta, e mesmo assim.

Pilatos foi aquele rio que jamais atravessei na infância. Uma
mulher, minha mãe, chorava em suas margens,
chorava pela sofredora que se tornaria, ela uma
mulher preta demais chorando, aquelas menininhas
                              [que seguiam seus
passos com relutância e sem amor por este sangue
agitado de mulher e sal na boca, chorava, aquele
rio correu por seus pés impedindo seu voo... e ir
aonde, senhora, chorando e ir aonde, voltava para
se encarar agora só a forma tortuosa de algo
sem expectativa, seu corpo composto por dúvida
então ela viria curvar-se para trás, dissimular, depois
permanecer na raiva feito um precipício, uma casa desmoronando,
a louca cortina flamejando em seus dentes. Uma mulher que
pensava ser humana, mas entendeu a mensagem, mulher
e negra, e de alguma forma quem lhe deu a mensagem

Leaving this standing, heart and eyes fixed to a
skyscraper and a concrete eternity not knowing then
only running away from something that breaks the
heart open and nowhere to live. Five hundred dollars
and a passport full of sand and winking water, is how
I reach here, a girl's face shimmering from a little
photograph, her hair between hot comb and afro,
feet posing in high heel shoes, never to pass her eyes on
the red-green threads of a hummingbird's twitching
back, the blood warm quickened water colours of a
sea bed, not the rain forest tangled in smoke-wet,
well there it was. I did read a book once about a
prairie in Alberta since my waving canefield wasn't
enough, too much cutlass and too much cut foot, but
romance only happen in romance novel, the concrete
building just overpower me, block my eyesight and
send the sky back, back where it more redolent.

Is steady trembling I trembling when they ask me my
name and say I too black for it. Is steady hurt I feeling
when old talk bleed, the sea don't have branch you
know darling. Nothing is a joke no more and I right
there with them, running for the train until I get to find
out my big sister just like to run and nobody wouldn't
vex if you miss the train, calling Spadina Spadeena
until I listen good for what white people call it, saying I
coming just to holiday to the immigration officer when
me and the son-of-a-bitch know I have labourer mark
all over my face. It don't have nothing call beauty
here but this is a place, a gasp of water from a

era como família, mãe e irmão, cuspindo mulher
nela, de alguma forma eles eram o único lugar para onde voltar
e este rio caudaloso já havia engolido boa parte dela,
as menininhas se afogavam em suas margens indiferentes, o
rio endurecido como o centro dela, girando pedras
calcárias em suas ondas de rio, fardo nos pés lentos delas,
que choravam, ela: *vão pra casa*, inutilmente. Havia
cirros de olhos secos traçando o ar azul naquele dia. Pilatos era
aquele rio do qual fugi deixando aquela mulher, minha mãe,
de pé sobre o seu significado verde brutal e isso
já acabou e se tornou tão comum como se não fosse
vê-lo mais, aquele véu constante sobre os olhos, a
persiana manchada de sangue de raça e sexo.

Deixando isso como está, coração e olhos fixos em um
arranha-céu e uma eternidade concreta desconhecida até então
apenas fugindo de algo que parte o
coração e desabriga. Quinhentos dólares
e um passaporte cheio de areia e de água brilhante, é como
chego aqui, o rosto cintilante de uma garota dentro dessa
[pequena
fotografia, o cabelo entre pente quente e crespo,
pés posando em sapatos de salto alto, nunca mais passar os olhos
nos fios verde-avermelhados das costas de um beija-flor
voando nas cores ligeiras da água quente como sangue
do fundo de um mar, nem a floresta tropical emaranhada em
[fumaça úmida,
bem lá estava. Li um livro uma vez sobre uma
pradaria em Alberta já que meu canavial ondulante
não era o bastante, muito cutelo e muito pé cortado, mas

hundred lakes, fierce bright windows screaming with
goods, a constant drizzle of brown brick cutting
dolorous prisons into every green uprising of bush.
No wilderness self, is shards, shards, shards,
shards of raw glass, a debris of people you pick your way
through returning to your worse self, you the thin
mixture of just come and don't exist.

I walk Bathurst Street until it come like home
Pearl was near Dupont, upstairs a store one
Christmas where we pretend as if nothing change we,
make rum punch and sing, with bottle and spoon,
song we weself never even sing but only hear
when we was children. Pearl, squeezing her big Point
Fortin self along the narrow hall singing Drink a rum
and a... Pearl, working nights, cleaning, Pearl beating
books at her age, Pearl dying back home in a car
crash twenty years after everything was squeezed in,
a trip to Europe, a condominium, a man she suckled
like a baby. Pearl coaxing this living room with a
voice half lie and half memory, a voice no room
nowhere could believe was sincere. Pearl hoping this
room would catch fire above this frozen street. Our
singing parched, drying in the silence after the
chicken and ham and sweet bread effort to taste like
home, the slim red earnest sound of long ago with the
blinds drawn and the finally snow for christmas and
the mood that rum in a cold place takes. Well, even
our nostalgia was a lie, skittish as the truth these
bundle of years.

romance só acontece em romances, o edifício
de concreto apenas me domina, bloqueia minha visão e
manda o céu de volta, de volta pra onde é mais perfumado.
É um tremor constante, estou tremendo quando me
                                    [perguntam o meu
nome e dizem que sou negra demais para ele. É uma dor
                                    [constante que sinto
quando a velha conversa sangra, o mar não tem correnteza
                                    [que você
conheça, querida. Nada mais é piada e eu estou bem
ali com eles, correndo para o trem até conseguir descobrir que
minha irmã mais velha só gosta de correr e ninguém se
importa se você perder o trem, chamando Spadina de *Spadeena*
até eu escutar muito bem como os brancos a chamam, dizendo que
venho de férias para o oficial de imigração quando
eu e aquele filho da puta sabemos que há indícios de trabalhadora
por todo o meu rosto. Não há nada que se chame beleza
aqui, mas este é um lugar, um suspiro de água de uma
centena de lagos, janelas ferozes brilhantes gritando com
mercadorias, uma garoa constante de tijolos marrons cortando
prisões dolorosas em cada revolução verde do mato.
Nenhum eu selvagem, são cacos, cacos, cacos,
cacos de vidro bruto, um destroço de gente que você escolhe
ao voltar para a sua pior versão, você a mistura
rala de vir e não existir.

Ando pela rua Bathurst até que se pareça com o lar
Pearl estava perto de Dupont, no andar de cima de uma loja num
Natal que fingimos como se nada nos transformasse,
fazemos ponche de rum e cantamos, com garrafa e colher,

But wait, this must come out then. A hidden verb
takes inventory of those small years like a person
waiting at a corner, counting and growing thin
through life as cloth and as water, hush... Look
I hated something, policemen, bankers, slavetraders,
shhh... still do and even more these days. This city,
mourning the smell of flowers and dirt, cannot tell
me what to say even if it chokes me. Not a single
word drops from my lips for twenty years about living
here. Dumbfounded I walk as if these sidewalks are a
place I'm visiting. Like a holy ghost, I package the
smell of zinnias and lady of the night, I horde the taste
of star apples and granadilla. I return to that once
grammar struck in disbelief. Twenty years. Ignoring
my own money thrown on the counter, the race
conscious landlords and their jim crow flats, oh yes!
here! the work nobody else wants to do... it's good
work I'm not complaining! but they make it taste bad,
bitter like peas. You can't smile here, is a sin, you
can't play music, it too loud. There was a time I could
tell if rain was coming, it used to make me sad the
yearly fasting of trees here, I felt some pity for the
ground turned hot and cold. All that time taken up
with circling this city in a fever. I remember then, and
it's hard to remember waiting so long to live... anyway
it's fiction what I remember, only mornings took a long
time to come, I became more secretive, language
seemed to split in two, one branch fell silent, the other
argued hotly for going home.

música que nós mesmos nunca cantamos, que só ouvimos
quando nós *era* criança. Pearl espremendo seu jeitão de Point
Fortin[4] ao longo do corredor estreito cantando *Beba rum
e um*... Pearl noites de trabalho, limpando, Pearl lendo de tudo
na sua idade, Pearl morrendo na volta pra casa em um acidente
de carro vinte anos depois que tudo foi espremido,
uma viagem à Europa, um condomínio, um homem que ela
                                [amamentou
como um bebê. Pearl persuadindo esta sala de estar com uma
voz meio mentira e meio memória, uma voz que em
                                [nenhum lugar
poderiam acreditar que fosse sincera. Pearl esperando que esta
sala pegasse fogo acima desta rua congelada. Nosso
canto ressecado, secando no silêncio após o
frango e o presunto e o pão doce se esforçarem pra ter sabor de
casa, o som fino vermelho intenso de muito tempo atrás com as
persianas fechadas e finalmente a neve do natal e
a atmosfera que o rum cria em um lugar frio. Bem, até mesmo
nossa nostalgia era mentira, arisca como a verdade desse
monte de anos.

Mas espere, então, isso deve vir à tona. Um verbo escondido
faz um inventário desses pequenos anos como uma pessoa
esperando numa esquina contando e emagrecendo
pela vida como tecido e água, silêncio... Olha, eu
odiava algumas coisas, policiais, banqueiros, traficantes de
                                [escravizados,
shhh... ainda odeio e odeio ainda mais hoje em dia. Esta cidade,

---
4. Point Fortin é um distrito de Trinidad e Tobago que ficou conhecido como importante centro de exploração de petróleo.

This is the part that is always difficult, the walk each
night across the dark school yard, biting my tongue
on new english, reading biology, stumbling over
unworded white faces. But I am only here for
a moment. The new stink of wet wool, driving my legs
across snow, ice, counting the winters that I do not
skid and fall on, a job sorting cards, the smell of an
office full of hatred each morning, no simple
hatred, not for me only, but for the hated fact of an office, an
elevator stuffed with the anger of elevator at 8 a.m.
and 5 p.m., my voice on the telephone after nine
months of office and elevator saying, I have to spend
time on my dancing. Yes, I'm a dancer, it's my new
career. Alone in the room after the phone crying at
the weakness in my stomach. Dancer. This romance
begins in a conversation off the top of my head, the
kitchen at Grace Hospital is where it ends. Then the
post office, here is escape at least from femininity,
but not from the envy of colony, education, the list of
insults is for this, better than, brighter than, richer
than, beginning with this slender walk against the
mountainous school. Each night, the black crowd of
us parts in the cold darkness, smiling.

The truth is, well, truth is not important at one end of a
hemisphere where a bird dives close to you in an
ocean for a mouth full of fish, an ocean you come to
swim in every two years, you, a slave to your leaping
retina, capture the look of it. It is like saying you are
dead. This place so full of your absence, this place

lamentando o cheiro de flores e de sujeira não pode me
dizer o que contar mesmo que ela me enforque. Nem uma única
palavra cai dos meus lábios há vinte anos sobre o que é viver
aqui. Estupefata, ando como se essas calçadas fossem um
lugar que estou visitando. Como um espírito santo, empacoto o
cheiro das zínias e da dama da noite, eu me junto ao gosto
dos caimitos e do maracujá doce. Volto àquela gramática
já golpeada pela descrença. Vinte anos. Ignorando
meu próprio dinheiro jogado no balcão, os proprietários
com consciência de raça e seus apartamentos *jim crow*,[5] ah sim!
aqui! o trabalho que ninguém mais quer fazer... é um bom
trabalho, não estou reclamando! mas eles fazem
                    [com que tenha um gosto ruim,
amargo como ervilhas. Você não pode sorrir aqui, é pecado, você
não pode ouvir música, é muito alto. Houve um tempo em que
                    [eu poderia
dizer se a chuva estava chegando, costumava me deixar triste o
jejum anual das árvores daqui, sentia um pouco de pena do
chão que ficava quente e frio. Todo aquele tempo perdido
rodando esta cidade numa febre. Eu me lembro disso, e
é difícil lembrar de ter esperado tanto tempo pra viver...
                    [de qualquer forma
é ficção o que eu lembro, só que as manhãs demoravam
muito pra chegar, me tornei mais reservada, a língua
parecia se dividir em duas, uma parte ficou em silêncio, a outra
brigando demais pra que eu fosse pra casa.

Esta é a parte que sempre é difícil, a caminhada de cada
noite no pátio escuro da escola, mordendo minha língua

---
5. Refere-se às Leis Jim Crow, que impunham a segregação racial nos Estados Unidos entre os anos de 1877 e 1964. (N.T.)

you come to swim like habit, to taste like habit, this place where you are a woman and your breasts need armour to walk. Here. Nerve endings of steady light pinpoint all. That little light trembling the water again, that gray blue night pearl of the sea, the swirl of the earth that dash water back and always forth, that always fear of a woman watching the world from an evening beach with her sister, the courage between them to drink a beer and assume their presence against the coral chuckle of male voices. In another place, not here, a woman might... Our nostalgia was a lie and the passage on that six hour flight to ourselves is wide and like another world, and then another one inside and is so separate and fast to the skin but voiceless, never born, or born and stilled... hush.

In another place, not here, a woman might touch something between beauty and nowhere, back there and here, might pass hand over hand her own trembling life, but I have tried to imagine a sea not bleeding, a girl's glance full as a verse, a woman growing old and never crying to a radio hissing of a black boy's murder. I have tried to keep my throat gurgling like a bird's. I have listened to the hard gossip of race that inhabits this road. Even in this I have tried to hum mud and feathers and sit peacefully in this foliage of bones and rain. I have chewed a few votive leaves here, their taste already disenchanting my mothers. I have tried to write this thing calmly

no novo inglês, lendo biologia, tropeçando em
rostos brancos sem palavras. Mas estou aqui apenas por pouco
tempo. O novo fedor de lã molhada, levando minhas pernas
pela neve, gelo, contando os invernos que eu não
escorrego e caio, um trabalho separando cartões, o cheiro de um
escritório cheio de ódio todas as manhãs, não um ódio simples,
não só por mim, mas pelo fato odioso de ser um escritório, um
elevador recheado com a raiva de um elevador às 8 da manhã
e às 5 da tarde, minha voz ao telefone depois de nove
meses de escritório e elevador dizendo, tenho que priorizar
a minha dança. Sim, eu sou dançarina, é minha nova
carreira. Sozinha na sala depois da ligação chorando pela
fraqueza no meu estômago. Dançarina. Este romance
começa com uma conversa já pronta na minha cabeça, a
cozinha no Grace Hospital é onde tudo termina. Então os
correios, aqui é fuga ao menos da feminilidade,
mas não da inveja da colônia, da educação, a lista de
insultos é pra isso, melhor que, mais inteligente que, mais rica
que, começando com esta caminhada esbelta pela
escola da montanha. A cada noite, a nossa multidão negra se
despede na escuridão fria, sorrindo.

A verdade é que, bem, a verdade não importa na ponta de um
hemisfério onde um pássaro mergulha perto de você num
oceano por uma boca cheia de peixes, oceano no qual você vem
nadar a cada dois anos, você, uma escravizada de sua retina
ávida, captura aquela aparência. É como dizer que você está
morta. Este lugar tão cheio da sua ausência, este lugar
onde você vem nadar por hábito, para parecer hábito, esse
lugar onde você é uma mulher e seus peitos precisam

even as its lines burn to a close. I have come to know
something simple. Each sentence realised or
dreamed jumps like a pulse with history and takes a
side. What I say in any language is told in faultless
knowledge of skin, in drunkenness and weeping,
told as a woman without matches and tinder, not in
words and in words and in words learned by heart,
told in secret and not in secret, and listen, does not
burn out or waste and is plenty and pitiless and loves.

de armadura para você andar. Aqui. Terminações nervosas
[de luz estável
localizam tudo. Aquela luzinha fazendo tremer a água de novo,
aquela noite azul cinza pérola do mar, o redemoinho da
terra que lança a água pra trás e sempre pra frente, aquele
medo constante de uma mulher com sua irmã numa
praia à noite assistindo ao mundo, a coragem
delas bebendo uma cerveja e bancando suas presenças
apesar do coro de risadas das vozes masculinas. Em
outro lugar, não aqui, uma mulher poderia... Nossa
nostalgia era uma mentira e o trecho sobre aquele voo
de seis horas com destino a nós mesmas é amplo, coisa de
[outro mundo, e
mais um mundo aqui dentro tão separado e seguro
na própria pele, mas sem voz, nunca nasceu, ou nasceu e
está quieta... silêncio.

Em outro lugar, não aqui, uma mulher pode tocar
algo entre beleza e lugar nenhum, lá atrás
e aqui, pode passar de mão em mão sua própria
vida trêmula, mas tentei imaginar um mar que não
sangrasse, um olhar de menina pleno como um verso, uma mulher
envelhecendo e nunca chorando ao som do rádio chiando sobre o
assassinato de um menino negro. Tentei manter minha garganta
gorgolejando como a de um pássaro. Escutei a fofoca
cruel sobre raça que habita esta estrada. Até nisso eu
tentei cantarolar lama e penas e me sentar pacificamente
nesta folhagem de ossos e chuva. Mastiguei algumas
folhas votivas aqui, o sabor delas já desencantando
minhas mães. Tentei escrever isso com calma

mesmo que suas linhas queimassem até o fim. Eu descobri
algo simples. Cada frase percebida ou
sonhada salta feito pulsação com a história e escolhe um
lado. O que digo em qualquer língua é dito no conhecimento
impecável da pele, na embriaguez e no choro,
contado como uma mulher sem fósforos e pavio, não em
palavras e em palavras e em palavras aprendidas de cor,
ditas em segredo e sem segredo, e ouve, não
queima nem desperdiça e é abundante e impiedosa e ama.

HARD AGAINST THE SOUL

II
I want to wrap myself around you here in this line so that you will know something, not just that I am dying in some way but that I did this for some reason. This grace, you see, come as a surprise and nothing till now knock on my teeming skull, then, these warm watery syllables, a woman's tongue so like a culture, plunging toward stones not yet formed into flesh, language not yet made I want to kiss you deeply, smell, taste the warm water of your mouth as warm as your hands. I lucky is grace that gather me up and forgive my plainness.

III
She was a woman whose eyes came fresh, saying, I trust you, you will not be the woman who walks out into the Atlantic at Santa Maria and never returns. You cannot dream this turquoise ocean enveloping you in its murmuring thrall, your hands will not arrest in the middle of gazing, you will not happen on an easy thought like this in a hotel room in Guanabo, not on a morning as you watch alone from this beach, the sun dripping orange, or sitting on a marble bench in Old Havana, vacantly. You will not look at your watch on a night in early June and think this gentle sea as good as any for a walk beyond the reflexes of your flesh.

DURO CONTRA A ALMA

II
Quero me enrolar em você aqui nesta linha para
que você saiba algo, não só que estou morrendo
de alguma forma, mas que fiz isso por uma razão. Essa
graça, veja, chega como que de surpresa e nada até
agora bate na minha caveira fervilhante, assim, essas sílabas
mornas aguadas, a língua de uma mulher como cultura
imergindo nas pedras que ainda não se tornaram carne,
idioma ainda não formulado, quero te beijar profundamente,
cheirar, saborear a água morna da sua boca tão cálida quanto
suas mãos. Sorte minha é a graça me recolher e
perdoar a minha modéstia.

III
Ela era uma mulher cujos olhos atrevidos diziam: eu
confio em você, você não será a mulher que vai embora
pro Atlântico em Santa Maria pra nunca mais voltar.
Você não pode sonhar esse oceano turquesa envolvendo
você em seu feitiço murmurante, suas mãos não vão falhar
no meio do olhar, você não vai se deparar com um
pensamento banal como este num quarto de hotel em Guanabo,
 [nem
numa manhã enquanto assiste sozinha dessa praia, o
sol respingando laranja, ou sentada distraída num
banco de mármore na Cidade Antiga de Havana. Você não vai
 [olhar para o seu relógio
numa noite no início de junho e pensar que esse mar suave é tão

IV
you can hardly hear my voice now, woman,
but I heard you in my ear for many years to come
the pink tongue of a great shell murmuring and
yawning, muttering tea, wood, bread, she, blue,
stroking these simple names of habit, sweeter
and as common as night crumbling black flakes
of conversation to a sleep, repetitious as noons
and snow up north, the hoarse and throaty, I told you,
no milk, clean up...

you can hardly hear my voice but I heard you
in my sleep big as waves reciting their prayers
so hourly the heart rocks to its real meaning,
saying, we must make a sense here to living,
this allegiance is as flesh to bone but older
and look, love, there are no poems to this, only
triangles, scraps, prisons of purpled cloth,
time begins with these gestures, this
sudden silence needs words instead of whispering.

you can hardly hear my voice by now but woman
I felt your breath against my cheek in years to come
as losing my sight in night's black pause, I trace
the pearl of your sweat to morning, turning as you
turn, breasts to breasts mute prose we arc a leaping,
and no more may have passed here except
also the map to coming home, the tough geography
of trenches, quarrels, placards, barricades.

bom quanto qualquer outro pra caminhar além dos reflexos
                          [da sua
carne.

IV
você mal consegue ouvir minha voz agora, mulher,
mas eu te ouço no meu ouvido pelos anos por vir
a língua rosa de uma concha-rainha murmurando e
bocejando, sussurrando chá, madeira, pão, ela, azul,
golpeando esses nomes simples de costume, mais doce
e tão ordinária quanto a noite esmigalhando flocos pretos
de conversa pra dormir, repetitiva como os meios-dias
e a neve do norte, o rouco e o gutural, eu te disse,
sem leite, limpe...

você mal consegue ouvir minha voz, mas eu te escuto
no meu sono, volumosa como as ondas recitando suas orações
de hora em hora o coração balança ao som de seu significado
                                  [verdadeiro,
dizendo, precisamos criar um sentido aqui pra viver,
essa aliança é como a da carne com o osso, só que mais antiga
e veja, amor, não há poemas pra isso, apenas
triângulos, sucatas, prisões de uniformes arroxeados,
o tempo começa com esses gestos, esse
silêncio repentino precisa de palavras em vez de sussurros.

você mal consegue ouvir minha voz agora, mas, mulher,
eu sinto teu hálito na minha bochecha pelos anos por vir
e perco a visão na suspensão negra da noite, rastreio
as pérolas do teu suor até amanhecer, girando enquanto você

V
It is not sufficient here to mark the skin's water or fold,
the back soft, the neck secret, the lips purpled. She
startled me just last night. I heard her singing and
could not dance. I heard her navigate the thick soil of
who we are. Her boundless black self rising,
honeying.

for faith

VI
listen, just because I've spent these
few verses fingering this register of the heart,
clapping life, as a woman on a noisy beach,
calling blood into veins dry as sand,
do not think that things escape me,
this drawn skin of hunger twanging as a bow,
this shiver whistling into the white face of capital, a
shadow traipsing, icy veined and bloodless through
city alleys of wet light, the police bullet glistening
through a black woman's spine in November, against
red pools of democracy bursting the hemisphere's
seams, the heart sinks, and sinks like a moon.

VII
still I must say something here
something that drives this verse into the future,
not where I go loitering in my sleep,
not where the eyes brighten every now and again
on old scores, now I must step sprightly. I dreamless.

gira, seios com seios numa prosa muda arqueamos um salto,
e nada mais deve passar por aqui com exceção
também do mapa para chegar em casa, a geografia dura
das trincheiras, desavenças, placas, barricadas.

V

Não é suficiente aqui marcar o suor ou a dobra da pele,
as costas macias, o pescoço escondido, os lábios arroxeados. Ela
me assustou ontem à noite. Eu a ouvi cantando e
não pude dançar. Eu a ouvi navegando pelo solo denso de
quem somos. Ela toda negra e infinita se ergue,
escorrendo mel.

para faith

VI

ouça, só porque passei esses
poucos versos dedilhando esta inscrição do coração,
aplaudindo a vida, como uma mulher em uma praia barulhenta,
convocando o sangue às veias secas como areia,
não pense que essas coisas me escapam,
essa pele torcida pela fome se contorce feito arco,
esse arrepio assobiando na cara branca do capital, uma
sombra perambulando, veias gélidas e sem sangue, pelos
becos da cidade de luz úmida, a bala da polícia cintilando
pela espinha dorsal de uma mulher negra em novembro, contra
poças vermelhas da democracia estouram as costuras
do hemisfério, o coração afunda, e afunda como uma lua.

VIII
but here, at this spot, all I see is the past
at the museum of the revolution in old Havana
when I should be looking at the bullet hole in Fidel's
camisole or the skirt that Haydee Santamaria wore in
prison, I see a coffle just as I turn, about to leave,
toward my left, toward the future, the woman sitting at
the door black and historic saying to herself this is
only white history, a coffle, shining still after this long
time, new as day under my eyes. I spun in that room,
my voice said *oh dear*, as if I'd only spilt water, *oh
god*, as if my skin had just rubbed this iron silvery with
sweat.

IX
look, I know you went searching on the beach
for my body last night and maybe you will find it
there, one day, but I'll tell you now, it will be on this
beach, or a beach such as this where they made a
revolution, and it will be near that dune where you
oiled your skin darkly against the sun and it will be
because I am not good enough, not the woman to live
in the world we are fighting to make and it will be on a
day like the one when you bought rum for Marta
Beatriz because she said she loved women and you
wanted to believe her, it will be like how we walked
from Marazul to Boca Ciega climbing over the sand
covering the road and after I spend three days
showing you mimosa running and you finally see it.

VII
ainda que eu diga algo aqui
algo que impulsione esse verso para o futuro,
não para onde eu vá vadiar no meu sono,
não pra onde os olhos brilhem hora ou outra
sobre as partituras antigas, agora devo pisar alegremente.
                      [Eu sem sonhos.

VIII
mas, aqui, nesse ponto, tudo o que vejo é o passado
no museu da revolução na velha Havana
quando eu deveria estar olhando para o furo de bala no pijama
de Fidel ou para a saia que Haydée Santamaría usou na
prisão, vejo um grilhão assim que me viro, quase saindo
em direção à minha esquerda, em direção ao futuro,
                      [a mulher sentada perto
da porta preta e histórica dizendo a si mesma que essa é
apenas a história branca, um grilhão, brilhando mesmo após tanto
tempo, novo como o dia sob os meus olhos. Dou um giro
                      [naquela sala,
minha voz disse: *minha nossa!*, como se tivesse derramado água, *meu deus!*, como se com meu suor tivesse polido esse ferro em prata.

IX
veja, eu sei que você foi procurar na praia
pelo meu corpo ontem à noite e talvez você o encontre
lá, um dia, mas vou te dizer agora, será nesta
praia, ou numa praia como essa onde fizeram a
revolução, e será perto daquela duna onde você
besuntou sua pele de escuridão contra o sol e será

X

Then it is this simple. I felt the unordinary romance
of women who love women for the first time. It burst in
my mouth. Someone said, this is your first lover, you
will never want to leave her. I had it in mind that I
would be an old woman with you. But perhaps I
always had it in mind simply to be an old woman,
darkening, somewhere with another old woman,
then, I decided it was you when you found me in that
apartment drinking whisky for breakfast. When I came
back from Grenada and went crazy for two years, that
time when I could hear anything and my skin was
flaming like a nerve and the walls were like paper
and my eyes could not close. I suddenly sensed you
at the end of my room waiting. I saw your back arched
against this city we inhabit like guerillas, I brushed my
hand, conscious, against your soft belly, waking up.

I saw this woman once in another poem, sitting,
throwing water over her head on the rind of a country
beach as she turned toward her century. Seeing her
no part of me was comfortable with itself. I envied her,
so old and set aside, a certain habit washed from her
eyes. I must have recognized her. I know I watched
her along the rim of the surf promising myself, an old
woman is free. In my nerves something there
unravelling, and she was a place to go, believe me,
against gales of masculinity but in that then, she was
masculine, old woman, old bird squinting at the
water's wing above her head, swearing under her

porque não sou boa o suficiente, não sou mulher para viver
no mundo que estamos lutando para criar e será num
dia como aquele em que você comprou rum para a Marta
Beatriz porque ela disse que amava mulheres e você
queria acreditar nela, será como quando caminhamos
de Marazul até Boca Ciega escalando a areia
que cobre a estrada e depois que passei três dias
te mostrando a dormideira se fechando até você finalmente vê-la.

X
Então é simples assim. Eu senti o romance nada ordinário
de mulheres que amam mulheres pela primeira vez. Explodiu na
minha boca. Alguém disse: ela é sua primeira amada, você
nunca mais vai querer deixá-la. Eu fiquei com isso na cabeça,
que envelheceria com você. Mas talvez eu
sempre tivesse na cabeça que simplesmente envelheceria,
escureceria, em algum lugar com outra mulher que envelheceria
comigo, então, decidi que seria você quando você me encontrou
             [naquele
apartamento tomando uísque no café da manhã. Quando voltei
de Granada e enlouqueci por dois anos, naquele
tempo em que se eu ouvisse qualquer coisa, minha pele queimava
como um nervo e as paredes eram como papel
e eu não conseguia pregar o olho. De repente, eu te senti
do outro lado do meu quarto esperando. Vi suas costas arqueadas
contra essa cidade que habitamos como guerrilheiras,
             [esfreguei minha
mão, consciente, na sua barriga macia, e acordei.
Vi essa mulher uma vez em outro poema, sentada,
jogando água na própria cabeça na pele de uma praia

breath. I had a mind that she would be graceful in me and she might have been if I had not heard you laughing in another tense and lifted my head from her dry charm.

You ripped the world open for me. Someone said, this is your first lover, you will never want to leave her. My lips cannot say old woman darkening any more, she is the peace of another life that didn't happen and couldn't happen in my flesh and wasn't peace but flight into old woman, prayer, to the saints of my ancestry, the gourd and bucket carrying women who stroke their breasts into stone shedding offspring and smile. I know since that an old woman, darkening, cuts herself away limb from limb, sucks herself white, running, skin torn and raw like a ball of bright light, flying, into old woman, I only know now that my longing for this old woman was longing to leave the prisoned gaze of men.

It's true, you spend the years after thirty turning over the suggestion that you have been an imbecile, hearing finally all the words that passed you like air, like so much fun, or all the words that must have existed while you were listening to others.
What would I want with this sentence you say flinging it aside... and then again sometimes you were duped, poems placed deliberately in your way. At eleven, the strophe of a yellow dress sat me crosslegged in my sex. It was a boy's abrupt birthday party. A yellow

afastada enquanto ela se virava em direção ao seu centenário. Vê-la
fez com que nenhuma parte minha ficasse confortável. Eu a invejei,
tão velha e reservada, um certo costume lavado de seus
olhos. Eu devo tê-la reconhecido. Sei que a observei
ao longo da orla da rebentação prometendo a mim mesma:
                             [uma mulher
velha é livre. No meu nervosismo algo ali
se desenrolava, e ela era um lugar aonde ir, acredite,
contra vendavais de masculinidade no que ela era
masculina, velha, pássaro velho apertando os olhos na
asa da água sobre a cabeça dela, xingando
baixinho. Eu tinha em mente que ela seria graciosa em mim,
e talvez tivesse sido se eu não tivesse ouvido você
rindo em outro tempo e tivesse erguido minha cabeça do
encanto árido dela.

Você abriu o mundo pra mim. Alguém disse: ela
é a sua primeira amada, você nunca vai querer deixá-la. Meus
lábios não podem mais dizer mulher velha escurecendo, ela
é a paz de outra vida que não aconteceu e
que não poderia acontecer na minha carne e não era paz, mas
voo para mulher velha, oração, aos santos da minha
ancestralidade, a cabaça e o balde que carregam mulheres que
golpeiam seus seios que se tornam pedra,[6] vertendo prole e
sorriso. Eu sei desde então que uma mulher velha, escurecendo,
extirpa membro por membro, se exaure branca
correndo, a pele rasgada em carne viva como uma bola de
                                      [luz brilhante,

---

6. Rementendo à *"Breast ironing"* (em português, passar o ferro nos seios), prática de mutilação sofrida por 3,8 milhões de meninas no mundo, de acordo com a Organização das Nações Unidas (ONU), que, próximas à puberdade têm os seios esmagados ou feridos pelos responsáveis, que justificam a prática com a incidência de assédio sexual e estupro e/ou pela manutenção da pureza. (N.T.)

dress for a tomboy, the ritual stab of womanly gathers at the waist. *She look like a boy in a dress*, my big sister say, a lyric and feminine correction from a watchful aunt, *don't say that, she look nice and pretty*. Nice and pretty, laid out to splinter you, so that never, until it is almost so late as not to matter do you grasp some part, something missing like a wing, some fragment of your real self.

Old woman, that was the fragment that I caught in your eye, that was the look I fell in love with, the piece of you that you kept, the piece of you left, the lesbian, the inviolable, sitting on a beach in a time that did not hear your name or else it would have thrown you into the sea, or you, hear that name yourself and walked willingly into the muting blue. Instead you sat and I saw your look and pursued one eye until it came to the end of itself and then I saw the other,
the blazing fragment.

Someone said, this is your first lover, you will never want to leave her. There are saints of this ancestry too who laugh themselves like jamettes in the pleasure of their legs and caress their sex in mirrors. I have become myself. A woman who looks at a woman and says, here, I have found you, in this, I am blackening in my way. You ripped the world raw. It was as if another life exploded in my face, brightening, so easily the brow of a wing touching the surf, so easily I saw my own body, that

voando, virando mulher velha, só agora eu sei que meu
desejo por essa mulher velha era o desejo de fugir
do olhar aprisionador de homens.

É verdade, a gente passa os anos depois dos trinta se revirando
com a ideia de ter sido uma imbecil,
ouvindo finalmente todas as palavras que passaram
[por nós como ar,
como muita diversão, ou todas as palavras que devem ter
existido enquanto estava ouvindo as outras. O que
eu ia querer com essa frase que você diz lançando-a
de lado... e repito às vezes você estava enganada,
poemas colocados de propósito no seu caminho. Aos onze, a
estrofe de um vestido amarelo se impôs de pernas cruzadas
[sobre o
meu sexo. Era a festa de aniversário inesperada de um garoto.
[Um vestido
amarelo para uma menina menina-macho, a punhalada
[da feminilidade se reúne
bem na cintura. *Ela parecia um menino de vestido*, minha irmã
mais velha disse, uma correção lírica e feminina de uma
tia atenta, *não diga isso, ela está bem mocinha e linda*.
Mocinha e linda, emperiquitada pra te estilhaçar,
[de modo que nunca,
até que seja quase tão tarde a ponto de não mais importar se
[você agarra
alguma parte, algo está faltando, talvez uma asa, algum
fragmento do seu verdadeiro eu.
Mulher velha, este foi o fragmento que apanhei no
seu olho, este foi o olhar pelo qual me apaixonei, o pedaço

is, my eyes followed me to myself, touched myself as a place, another life, terra. They say this place does not exist, then, my tongue is mythic. I was here before.

seu que você guardou, o pedaço que sobrou, a lésbica,
a inviolável, sentada em uma praia num tempo em que não
se ouvia seu nome caso contrário ele teria te atirado ao
mar, ou você, ao escutar esse nome, caminharia
de bom grado ao azul silencioso. Em vez disso, você se sentou, e eu
vi seu olhar e persegui aquele olho até que
se acabasse e então eu vi o outro,
o fragmento ardente.

Alguém disse: ela é sua primeira amada, você nunca
vai querer deixá-la. Há santas dessa ancestralidade
que também riem de si mesmas como *jamettes*[7] no
prazer de suas pernas e acariciam seus sexos nos espelhos.
Eu me tornei eu mesma. Uma mulher que olha
pra uma mulher e diz: aqui eu te encontrei,
assim estou empretecendo do meu jeito. Você me mostrou o
mundo inteiro. Foi como se outra vida explodisse na minha
cara, iluminando tão facilmente a ponta de uma asa
que toca a rebentação, tão facilmente que eu vi meu
                      [próprio corpo, ou
seja, meus olhos me seguiram a mim mesma, me tocaram
como um lugar, outra vida, terra. Dizem que esse lugar
não existe, então, minha língua é mística. Eu já estive
aqui

---
7. Termo usado em Trinidad e Tobago que se aproxima, em português, a biscate, rameira. (N.T.)

um mar que é ela, que escura, que amante: notas sobre a língua marcada de Dionne Brand (sob as bênçãos de Exu, Erzulie Dantor & Yemanjá)

tatiana nascimento

Em 1986, quando a Dionne Brand acadêmica, pesquisadora, ensaísta, teórica/crítica literária escreve sobre os poemas da poeta canadense de origem trinitária Claire Harris – conterrânea sua em origens, deslocamentos, chegadas, escritas – afirma emocionantemente que

> Poetas negras devem usar tudo que esteja a seu alcance para reconstruir a verdade, o passado, os detalhes. [...] Pois toda poeta negra deve retornar para avançar, deve quebrar aquela mirada sobre nós que não fomos nós que fizemos, deve testemunhar, como Harris faz tão lindamente, deve reivindicar a história.[1]

Fica nítido, na resenha de Brand sobre o trabalho da primeira, o impacto dessa poesia-testemunho que ao mesmo tempo retoma a dureza da história para construir sonhos de um futuro habitável — em movi-tempo espiralar, ampliando para a literatura a proposição de Lêda Maria Martins, e no ritmo do Sankofa, como ensina o princípio Adinkra de voltar para poder avançar.

A primeira versão deste *Nenhuma língua é neutra,* que você acaba de saborear — pro meu coração, joia de valor inestimável

---
1. Dionne Brand, resenha dos livros *Translation into fiction* (1984) e *Fables from the women's quarters* (1984), de Claire Harris, Canadian Woman Studies / Les cahiers de la femme. v. 7, n. 1-2, p. 224 (tradução e feminino genérico meus).

que nos permite entender, *pelo sentir* (isso, trunfo da poesia, pois que Dionne Brand é, em seus tantos fazeres, talvez, acima de tudo, poeta), que a diáspora é sempre no plural, sempre inexata, sempre em reconstrução, portanto muito mais fundamentada em princípios exúnicos de viver & ser do que na linearidade insossa da previsibilidade colonial que não conseguiu nos domar, nem a nós, nem a nossas línguas, nunca neutras.

O texto fonte, *No Language is Neutral,* foi publicado pela primeira vez em 1990, portanto 33 antes da tradução que você tem agora em mãos, e seis anos depois dos volumes *Translation into Fiction* e *Fables from the Women's Quarters*, de Claire Harris, que Brand resenha num texto que é, depois dos próprios *No Language is Neutral* e *Nenhuma língua é neutra*, minha principal interlocução aqui, nesse apaixonado paratexto posfaciador.

Na resenha de 1986, quando Brand define a poesia de Harris como linguagem que "mapeia a paisagem" a qual uma mulher negra "deve recuperar da hegemonia masculina e branca"[2], me parece tão mágico que aí está um dos nascedouros dos versos:

> [...] Eu sei desde então que uma mulher velha, escurecendo,
> extirpa membro por membro, se exaure branca
> correndo, a pele rasgada em carne viva como uma bola de
> > [luz brilhante,
> voando, virando mulher velha, só agora eu sei que meu
> desejo por essa mulher velha era o desejo de fugir
> do olhar aprisionador de homens.[3]

---
2. Ibid., p. 222.
3. *Nenhuma língua é neutra*, seção "Duro contra a alma", poema X, estrofe 3, versos 9 a 14.

É que nossa palavra nunca está só. O próprio título, *No Language is Neutral*, é uma resposta de Brand à obra do poeta Dereck Walcott, da qual o título do livro e do poema homônimo são estrategicamente retirados em oposição, uma vez que o mapeamento da paisagem de Brand passa por abertamente criticar o falogoncentrismo, entre outros, desse autor, o qual ela lê detalhadamente para apontar que, mesmo sendo um poeta negro, faz adesão à perspectiva branca sexista do colonizador. Vejam, desde o título, o que Brand nos convida a fazer é a habitar alguma forma de desconforto.

Mas a grande razão do meu apaixonamento por este livro é que nele, um livro singelo, no sentido do tamanho, da extensão, existe, subjacente ao incômodo convite que inicialmente menciono acima, previamente, ancestralmente estabelecido àquele incômodo, um pacto ao cerne de uma perspectiva de negritude sendo costurado, sendo elaborado por Brand continuamente nos poemas deste volume.

Este é um livro em que Dionne Brand homenageia, em específico, as mulheres que constroem tantas diásporas como possíveis, como reais, mesmo sendo invisibilizadas em meio a tantas narrativas heroicas em que apenas homens negros têm nome, têm voz, têm desejo: Brand faz poemas para sua avó, para a mãe que a abandonou, para as mulheres negras responsáveis por lutas de libertação no Caribe, ex-escravizadas desafiando a necronologia colonial, para a lesbiandade, e para Yemanjá, ainda que não chamada por esse nome.

Em *Nenhuma língua é neutra,* o mar também é um mar que é ela, que escura, que amante – maior ainda a Kalunga grande, feita tanto em Kalunga pequena, desencanto de pessoas escravizadas que se lançavam à morte como liberdade pra não chegarem ao nosso lado do Atlântico, toda desumanização genocida que nos esperava, e aqui com Dionne eu também tento "imaginar um mar que não sangrasse". Um mar que assente (ainda que faça tanto afundar) tudo que Brand escreve em *Nenhuma língua é neutra*, a grande paisagem inaugural, o grande silêncio, derradeiro, o qual seria por ela definido, anos mais tarde no ensaio autobiográfico *Um mapa para a porta do não retorno: notas sobre pertencimento*[4], como a casa mesmo dos povos da diáspora. Aqui, em *Nenhuma língua é neutra*, esse mar também cintila feito casa da lesbiandade negra, ou do silêncio forçado que paira sobre ela:

> [...] sentada em uma praia num tempo em que não
> se ouvia seu nome caso contrário ele teria te atirado ao
> mar, ou você, ao escutar esse nome, caminharia
> de bom grado ao azul silencioso. [...][5]

Brand costura, então, um princípio-pacto em que feminilidade negra que não é nada apacentada pela expectativa de heterossexualidade tornada em política econômica da escravização, em que os corpos tidos como femininos eram obrigados a receber os corpos tidos como masculinos nas fazendas de estupro (chamadas pelo eufemismo histórico de "fazendas de reprodução"). Ao fazê-lo, permite afirmar um princípio negro feminino como base de sustentação do mundo *outro*, contracolonial, em especial quando se trata desse negro feminino lesbianizado, em que amor y desejo são explicitados, reafirmados, celebrados, como forma também

---
4. D. Brand, *Um mapa para a porta do não retorno: notas sobre pertencimento*, trad. Jess Oliveira e floresta, Rio de Janeiro: A Bolha, 2022.

5. *Nenhuma língua é neutra*, seção "Duro contra a alma", poema X, estrofe 3, versos 9 a 14.

de desfazer aquela *mirada branca aprisionadora dos homens*, os desígnios da heteronormatividade cisgendrada que são aqui descortinados como imposição branca, colonial, a povos *de cor*, cujas formas de viver sexo, gênero, desejo não cabiam na régua estreita do binarismo católico reprodutivista. Nos mares da poesia de Dionne Brand, Erzulie Dantor se deita sobre Yemanjá, reinventando mais um itan que nos dê lastro às existências negras cuír das américas diaspóricas:

[...] Aos onze, a
estrofe de um vestido amarelo se impôs de pernas cruzadas
[sobre o
meu sexo. Era a festa de aniversário inesperada de um garoto.
[Um vestido
amarelo para uma menina menina-macho, a punhalada
[da feminilidade se reúne
bem na cintura. *Ela parecia um menino de vestido*, minha irmã
mais velha disse, uma correção lírica e feminina de uma
tia atenta, *não diga isso, ela está bem mocinha e linda*.
Mocinha e linda, emperiquitada pra te estilhaçar,
[de modo que nunca,
até que seja quase tão tarde a ponto de não mais importar se
[você agarra
alguma parte, algo está faltando, talvez uma asa, algum
fragmento do seu verdadeiro eu.[6]

A ambiguidade como princípio fundamental de Exu – um dos fundamentos que assenta essa presença de ambiguidade/ ambivalência que tanto povoa a narrativa poética deste

---
6. *Nenhuma língua é neutra*, seção "Duro contra a alma", poema X, estrofe 4, versos 8 a 19.

73

livro – faz aqui suas encantarias. Primeiro, na ambiguidade específica que o deslocamento Caribe – Canadá suscita na autora, ao enunciar através da eu-poética a sensação de des/pertencimento constante, seja no mar caribenho ("... Aqui havia beleza / e aqui não era lugar nenhum ...", no poema "Nenhuma língua é neutra", versos 10/11 da primeira estrofe), seja no Canadá glacial, tanto climática quanto relacionalmente, o qual Brand cita como repleto de "paisagens lunares" hostis, estéreis, ao mencionar a Alberta em que ela e Harris vivem, no texto de 1986, crítica que ganha aprofundamento em 1990 no livro que originou esta tradução:

> [...] Você não pode sorrir aqui, é pecado, você
> não pode ouvir música, é muito alto. Houve um tempo em que
> [eu poderia
> dizer se a chuva estava chegando, costumava me deixar triste o
> jejum anual das árvores daqui, sentia um pouco de pena do
> chão que ficava quente e frio. Todo aquele tempo perdido
> rodando esta cidade numa febre. Eu me lembro disso, e
> é difícil lembrar de ter esperado tanto tempo pra viver...
> [de qualquer forma
> é ficção o que eu lembro, só que as manhãs demoravam
> muito pra chegar, me tornei mais reservada, a língua
> parecia se dividir em duas, uma parte ficou em silêncio, a outra
> brigando demais pra que eu fosse pra casa.[7]

Depois, na polifonia do registro duplo, ou triplo, com que Brand navega entre os padrões formais do inglês colonizador e as formas negro-caribenhas do seu *inglês quebrado,*

---
7. *Nenhuma língua é neutra*, poema "Nenhuma língua é neutra", estrofe 10, versos 19 a 29.

que resiste à colonização, repartindo sua língua em duas, a língua nunca neutra, marcada sempre, e igualmente sempre reconquistada, retomada, retalhada, para que sirva ao registro da memória de uma forma em que nós falemos por nós, por um lado, e, por outro, de forma a deixar explícitas as disputas linguísticas que estão em jogo no panorama colonial – um dos grandes desafio que a tradução de uma obra com tantas camadas conflituosas y ambivalentes de significação apresenta é o de como não apacentar os incômodos, as arestas, as dissonâncias, em especial as gramaticais e sintáticas.

A poesia negra de Brand canta, fala, chama, sussurra, grita. E aí canta de novo, sereia do avesso, para que saiamos do fundo do mar, também. É aquele tipo de poesia que tem um tanto de "gravidade" e "esperança" as quais, Brand se pergunta, quem mais além de "nós" (e a autora coloca essa coletividade em aspas, mesmo, deixando espaço para que a complexidade, a singularidade sejam sempre fundantes de qualquer negritude) poderá entender?, quando diz:

> E talvez seja essa seriedade, essa intencionalidade perante o mundo, o que diferencia poetas Negras. [...] Não somos observadoras distanciadas do mundo, mas agentes nesse mundo; não temos pretensões de "objetificação" precisamente porque é essa objetificação da humanidade que permitiu nossa escravização e opressão contínua. Para nós é através da identificação que continuamos a construir resistências. E a identificação começa onde a história escrita falha — na memória.[8]

tatiana nascimento é poeta, tradutora e cantora.
@tatiananasciVento

---
8. Dionne Brand, op. cit., p. 222-223. (tradução minha).

Referências

Brand, Dionne. Resenha dos livros *Translation into Fiction* (1984) e *Fables from the Women's Quarters* (1984), de Claire Harris. *Canadian Woman Studies / Les Cahiers de la Femme*. v. 7, n. 1-2, 1986, p. 222-224. Disponível em <https://cws.journals.yorku.ca/index.php/cws/article/view/12581/11664>. Acesso em 18 set. 2023.

_____. *Um mapa para a porta do não retorno: notas sobre pertencimento*. trad. Jess Oliveira e floresta. Rio de Janeiro: A Bolha, 2022.

Gingell, Susan. "Returning to Come Forward: Dionne Brand Confronts Derek Walcott". *Journal of West Indian Literature*, v. 6, n. 2, 1994, p. 43-53. Disponível em <http://www.jstor.org/stable/23019869>. Acesso em 18 set. 2023.

Phillips, Nic. *The Evolution of the Black Madonna*. Londres: Avalonia, 2020.

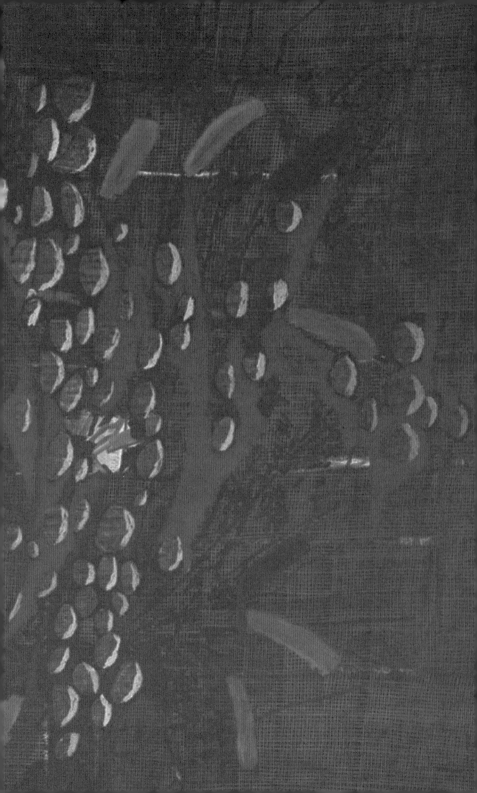

Este livro foi editado pela Bazar do Tempo na cidade de São Sebastião do Rio de Janeiro em setembro de 2023 e impresso em papel Pólen bold 90g/m² pela gráfica Margraf. Ele foi composto com as tipografias Henderson e Arnhem.

Foi lançado na Flip 2023, em Paraty.